孩子入學心理故事系列

怎麼辦？
我不敢上廁所

太美羅　著

金鍍我　圖

新雅文化事業有限公司
www.sunya.com.hk

前言

　　孩子第一天上小學，父母的內心一定十分激動，同時亦少不了擔心：我的孩子能適應學校生活嗎？能跟得上課堂的學習嗎？能和同學們好好相處嗎？

　　從幼稚園升上小學，孩子需要重新適應環境，對孩子來說並不是一件容易的事。比起要求孩子有好的學習態度和學業成績，父母更應該先培養孩子的獨立能力和保持健康的體魄，孩子才有足夠能力面對日後的挑戰。

　　《孩子入學心理故事系列》通過故事形式，將剛升讀小一的孩子可能面對的困難呈現出來。當你的孩子遇到同樣問題時，本系列故事有助啟發孩子思考如何克服它，同時也能啟發父母如何幫助孩子克服困難。

朴信識

資深韓國小學老師

作者的話

給所有即將入讀小學的新同學們：
「再過幾天就要上小學一年級啦，心情怎麼樣？」
「很開心呢！到時就可以在寬闊的運動場上踢足球呢。」
這是七年前我和女兒的對話。

「後日就要上小學一年級啦，心情怎麼樣？」
「我不要上學！聽説每天在學校飯堂裏都是吃菠菜的。」
這是一年前我和兒子的對話。

同學們，馬上就要入讀小學了，你們的心情又是怎樣的呢？可能是既興奮又緊張吧。但是不用害怕，勇敢一點去嘗試吧！只要同學之間互相幫助，互相學習，友好相處，就可以一起成為出色的小學生。現在我們一起來展開一段奇妙的小學之旅吧！

太美羅

人物介紹

勇勇

勇勇雖然調皮而且愛搞蛋，但是天生力氣大，經常幫大家清潔課室。

艾得

十分害羞，最怕在大家的注視下說話。他的字寫得十分工整。

迪羅老師

非常疼愛她的學生。當學生遇到困難的時候，她會溫柔地開解和幫助他們。

寶拉

性格內向，缺乏自信。她最喜歡植物，也很愛幫助朋友。她笑起來十分好看。

布奇

性格幽默風趣，經常照顧身邊的朋友，會把自己的文具借給同學用。他也很擅長整理物品。

琳琳

琳琳總是有很多憂慮，不喜歡上學。她很有禮貌，最擅長用手工紙摺出各種動物。

貝利

性格大膽勇敢，熱愛運動，十分擅長踢足球。

上英文課的時候。

「ＡＢＣＤＥＦＧ~」同學們正在大聲地
唱英文字母歌。

但是寶拉唱着唱着，突然很想上廁所，而且
同學們越唱得大聲，就越想上廁所。
「我不想上學校的廁所啊，我要忍着！」

上體操課的時候。

「同學們，現在我們一起做體操吧。」迪羅老師對同學們說。

同學們在迪羅老師的指導下，做出不同的動作：勇勇開合雙臂，布奇抬起腿，琳琳做出了橫向的一字馬，而貝利和艾得則做出了直向的一字馬。

哎～

10

輪到寶拉了。

她迅速地做出了一個雙手舉起的動作，然後立刻坐下來。

「寶拉你怎麼了？不舒服嗎？」迪羅老師擔心地問寶拉。

「不⋯⋯不是。」寶拉拚命地搖頭。

　　小息時，琳琳對寶拉說：「寶拉，我們一起上廁所好嗎？」

　　「不……我不想上廁所。」寶拉覺得比剛才更急了，但還是繼續忍着。

　　寶拉歎了一口氣，心想：「琳琳願意上學校的廁所，可我真的不想……」

貝利和勇勇在一旁玩遊戲，玩得非常興奮。

「我要出牌了！」勇勇用力地打出遊戲卡。

「哈！輪到我了！」貝利也不服輸地用盡全身力氣打出遊戲卡。

大家都玩得很盡興，只有寶拉一個人安靜地坐在座位上。

16

　　「鈴鈴鈴。」上課的鐘聲響起了。貝利和勇勇收拾好遊戲卡，回到自己的座位上坐好。

　　突然，貝利舉手對老師說：「老師，我想上廁所……」

　　「小息的時候忘記上廁所了吧？現在請安靜地上廁所吧。」迪羅老師對貝利說。

「我也要試試像貝利一樣，跟老師說想上廁所嗎？」寶拉突然很羨慕貝利可以大膽說出自己的想法。

貝利夾着腿，向廁所的方向急急走去。

「貝利快忍不住了。」同學們發出嘻嘻哈哈的笑聲。

「每個人都有上廁所的需要，這是很正常的事情，大家不應該取笑貝利的。」迪羅老師對同學們說。

「呼，幸好我沒有說要上廁所。」寶拉心想。

19

但是，寶拉漸漸無法集中精神上課。寶拉咬着指頭，忍住要上廁所的衝動。忍着忍着，寶拉的雙腿開始夾得越來越緊，屁股也在不安地扭動。

「今日的課結束啦！」迪羅老師說完後，同學們就開始收拾書包了。

　　寶拉像皮球一樣，從座位上彈起來，迅速地跑出課室。

　　「寶拉，等等我！」即使聽見琳琳的叫喚，寶拉也沒有停下來，像一陣風一樣跑了出去。

快！快！

　　寶拉氣喘吁吁地跑回到家裏，飛快地
踢掉了鞋子。

　　「寶拉，你回來啦？」媽媽走向寶
拉，打算給她一個擁抱。

　　「媽媽，我很急！急！」寶拉一邊
說，一邊跑進廁所。

馬桶的沖水聲音，今日聽起來特別痛快。

　　「呼，差點就出大事了。」寶拉上廁所後，
覺得全身都變輕鬆了。

　　「你在學校裏一直忍着，沒有上廁所嗎？」
媽媽十分擔心地看着寶拉。

「我從第一堂課開始就想上廁所了，一直忍着呢。」

「那你為什麼不告訴老師要上廁所呢？」

「我害怕一個人上廁所，而且我覺得學校廁所的氣味很難聞。」寶拉委屈地說。

「只要習慣了上學校的廁所就沒事了。」媽媽拍了拍寶拉的肩膀。

　　第二天，迪羅老師給同學們分發了畫紙。「大家可以隨意在畫紙上畫出想畫的東西呢。」

　　琳琳將彩色手工紙剪成不同形狀，貼在畫紙上。貝利看着鏡子，畫出自己頭上的角。布奇將顏料塗在手掌上，然後在畫紙上印出掌印。勇勇在畫紙上印上了自己的腳印。

　　「我要把我長大後成為畫家的樣子畫出來。」寶拉興奮地一邊想像，一邊畫畫。

下課鐘聲響起了。

「現在是小息時間，想上廁所的同學現在可以去啦。」迪羅老師對同學們說。

艾得和布奇一起上廁所。寶拉看着他們，也有點想上廁所。

「要忍住嗎？還是要試試去一次呢？」

寶拉猶豫了一會兒後，終於鼓起了勇氣。

但是，在走廊盡頭的廁所好像真的很遠，很可怕呢。

慢慢地，寶拉停下了腳步。

「廁所好遠啊，而且會有很多同學在門口排隊吧？小息時間只有十分鐘，如果趕不及回來的話怎麼辦呢？不行，還是忍住吧。」

　　結果，寶拉還是沒法鼓起勇氣上廁所，她垂頭喪氣地回到座位上坐下。

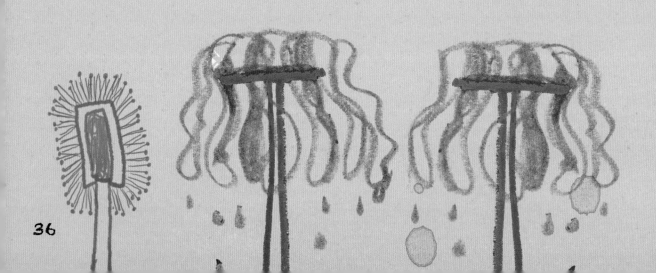

上課的時候，老師說的話，寶拉
一句都沒有聽進去。她的臉色越來越蒼
白，還不斷地冒冷汗。

　　「老師，寶拉好像有點不舒服。」
琳琳對迪羅老師說。

　　迪羅老師馬上來看寶拉的情況。
「寶拉，你哪裏不舒服？」

　　「我……我肚子好痛。」

迪羅老師將寶拉帶去醫療室。

經過廁所的時候，寶拉輕聲地對迪羅老師說：
「老師，我⋯⋯我想上廁所。」

「好，老師在門口等你，你快去吧。」

「好⋯⋯」

寶拉覺得很害羞，但是有迪羅老師在，寶拉覺得比較安心。

「呼，沒事了！」寶拉從廁所出來的時候，開心地笑了。

　　「寶拉你肚子痛，是因為要便便，需要上廁所吧？」

　　「嗯，今天是我第一次上學校的廁所呢。」然後，寶拉將自己不敢上學校廁所的煩惱告訴了迪羅老師。

　　「寶拉這段時間一定覺得很辛苦了。」

　　迪羅老師聽完寶拉說的話後，認真地思考了一會兒。「哈，有辦法了！」

回到課室後，迪羅老師對大家說：「請各位同學
把你們剛剛畫的畫都拿出來。」

同學們一邊疑惑着，一邊把自己的畫拿出來。

「請大家拿着自己的畫，跟我來。」

同學們都跟着迪羅老師走出了課室。

45

「老師，我們為什麼來廁所這裏呢？」布奇問老師。

「我們一起把畫貼在這裏，裝飾一下廁所吧！」

「真的嗎？嘩！太好了！」同學們都興奮地叫着。

廁所在同學們的畫裝飾下變得五彩繽紛，好像穿上了新衣服一樣。

「嘩，好漂亮啊！」

小息的時候，寶拉悄悄地問琳琳。「琳琳，我們一起上廁所好嗎？」

「好呀！」琳琳笑着回答。

寶拉和琳琳兩個人一起上廁所。現在，寶拉再也不覺得學校的廁所可怕了。

給父母的話

在家裏的時候，孩子可以比較放鬆地做自己想做的事，但是在外面的時候，可能會因為緊張或者其他原因而覺得不方便。這道理就跟孩子和家人相處的時候會比跟陌生人相處時更自在一樣，又好比成年人在家裏跟在外面時，在說話語氣、衣着打扮和行為上都會有差異。

孩子在學校不敢上廁所的情況是比較令人擔心的。排便是本能的生理需要，如果孩子因為厭惡或者恐懼而不能上學校的廁所，作為父母也一定會感到很心痛。故事中的寶拉即使在有需要的時候，也因為各種負面的想像和憂慮而無法欣然地上學校的廁所，加上有同學在上廁所的時候，被其他同學取笑了，讓她更不敢上廁所。

事實上，真的有很多孩子因為各種理由而不敢上廁所。可能是害怕一個人上廁所、可能是覺得廁所太髒、可能怕被同學知道自己去便便，又可能是覺得小息時間太短，不夠時間上廁所等等。有時候，有些孩子可能有過在上廁所之前，不小心尿濕褲子的經歷，害怕會再發生同樣的事情，所以更加害怕上廁所。

剛進入小學的孩子，其實還未能很好地控制自己的大小便，所以尿濕褲子或把便便拉在褲子上的情況也很常見。這時候，父母和老師

的反應就很重要了，例如跟同學們說「每個人都有機會出現意外狀況，所以不應該取笑別人。」父母和老師要知道，孩子能感受到的羞辱和自尊心受挫的感覺，有時候會比我們想像的更大。

我有一位學生在小學一年級時，試過在上課的時候沒有忍住，把大便拉在褲子上。因為覺得太過丟臉，他有很長一段時間都變得十分害羞。

另一方面，也有一些孩子上廁所上得很頻密。剛去完小便，馬上又覺得有尿意，這可能是孩子在心理上存在不安的表現。大小便是每個人每日都要經歷的生理需要，孩子在成長過程中一定要學會自己解決這個問題。在這個過程中，身邊人的體諒和理解，還有出現意外狀況以後，身邊人的應對態度也是非常重要的。

孫實軒
兒童精神科醫生

孩子入學心理故事系列
怎麼辦？我不敢上廁所

作　　者：太美羅
繪　　者：金鍍我
翻　　譯：何莉莉
責任編輯：潘曉華
美術設計：王樂佩
出　　版：新雅文化事業有限公司
　　　　　香港英皇道 499 號北角工業大廈 18 樓
　　　　　電話：(852) 2138 7998
　　　　　傳真：(852) 2597 4003
　　　　　網址：http://www.sunya.com.hk
　　　　　電郵：marketing@sunya.com.hk
發　　行：香港聯合書刊物流有限公司
　　　　　香港新界大埔汀麗路 36 號中華商務印刷大廈 3 字樓
　　　　　電話：(852) 2150 2100
　　　　　傳真：(852) 2407 3062
　　　　　電郵：info@suplogistics.com.hk
印　　刷：Elite Company
　　　　　香港黃竹坑業發街 2 號志聯興工業大樓 15 樓 A 室
版　　次：二〇一九年三月初版
　　　　　二〇二〇年七月第二次印刷

ISBN: 978-962-08-7211-2
Original title: Dinosaurs School#3
Text by Tae Mi-ra
Illustrated by Kim Do-ah
Copyright © 2017 Tae Mi-ra, Kim Do-ah
All rights reserved
This Traditional Chinese Edition was published by Sun Ya Publications (HK) Ltd.
in 2019 by arrangement with CRAYON HOUSE CO., LTD. through Eric Yang Agency Inc.

Traditional Chinese Edition © 2019 Sun Ya Publications (HK) Ltd.
18/F, North Point Industrial Building, 499 King's Road, Hong Kong
Published and printed in Hong Kong